D1146088

De zondebok

Jacques Chessex

De zondebok

Roman

Vertaald door Edu Borger

J.M. MEULENHOFF

De vertaler ontving voor deze vertaling een werkbeurs van de
Stichting Fonds voor de Letteren.

Deze uitgave werd gepubliceerd met steun van het Franse ministerie
van Buitenlandse Zaken, het Institut Français des Pays-Bas / Maison
Descartes en de BNP-Paribas.

www.meulenhoff.nl

ISBN 978 90 290 8538 0 / NUR 302

Ik ben de mens die te lijden heeft onder de
stok van zijn toorn. Hij leidt
mij en voert mij in een lichtloos duister.
Tegen mij heft Hij zijn hand
op, steeds opnieuw, dag na dag.

KLAAGLIEDEREN 3:1-3.

I

Wanneer deze geschiedenis in april 1942 begint, in een Europa dat door Adolf Hitlers
oorlog in vuur en vlam is gezet, is Payerne een
groot, door duistere invloeden geplaagd dorp in
Vaud, aan de rand van de vlakte van La Broye,
vlak bij de grens met het kanton Fribourg. Het
plaatsje is de hoofdstad geweest van koningin
Berthe – de weduwe van Rodolphe de Tweede,
koning van Bourgondië – die het reeds in de
tiende eeuw een abdij heeft geschonken. Dit
landelijke, welgestelde burgermansstadje wil
liever niets weten van het recente verval van de
plaatselijke nijverheid en van de mensen die
daardoor tot armoede zijn vervallen, vijfhonderd werklozen die er rondspoken, vijfhonderd

van de vijfduizend oorspronkelijke inwoners.

De handel in vee en tabak vormt de ogen-schijnlijke rijkdom van het stadje. En vooral de handel in vleeswaren. Het varken in al zijn vormen, spek, ham, poot, schenkel, worst, met kool en varkensvlees gevulde saucijs, hoofd-kaas, gerookte karbonade, paté, oor en *atriaux*, de regionale gehaktballetjes: het varken zet als zinnebeeld de kroon op het stadje en verleent het zijn goedmoedige, tevreden voorkomen. Met de ironie van het platteland worden de be-woners van Payerne de 'rode varkens' genoemd. Intussen circuleren er, verborgen onder de zelfverzekerdheid en de handel, duistere on-derstromen. Een roze en rode gelaatskleur en vette aarde, maar onbestemde dreigingen.

De oorlog is ver weg, denkt men over het algemeen in Payerne. Dat is iets voor de an-dere mensen. En in ieder geval beschermt het Zwitserse leger ons met zijn onoverwinnelijke tactiek en materieel. De Helvetische elite-in-fanterie, de krachtige artillerie, de luchtmacht, die even goed presteert als die van de Duitsers

en vooral een afdoend luchtafweergeschut met
de 20 millimeter Oerlikon en het kanon van
7.5. Overal op het bergachtige grondgebied
versperringen, overbewapende, kleine forten,
de tobleronelinies en, mocht het misgaan, als
laatste verdedigingsgordel, de onneembare
'nationale schans' in de bergen van het Oude
Land. Een slimme jongen die ons te pakken
krijgt.

En zodra de avond valt de verduistering.
Dichtgetrokken gordijnen, gesloten luiken,
alle lichtbronnen gedoofd. Maar wie verduis-
tert wat? Wie verbergt wat? Payerne ademt
en zweet in het spek, de tabak, de melk, het
vlees van de kuddes, het geld van de Kantonale
Bank en de wijn van de gemeente die uit Lutry,
aan de oever van het verre meer van Genève,
gehaald wordt, net als in de tijd van de mon-
niken van de abdij. De wijn waarvan je zonnig
dronken wordt, sinds al bijna duizend jaar, een
in ijdelheid en reuzel ingemaakte hoofdstad.

In de lente waarin deze geschiedenis begint
is de omgeving mooi, van een bijna bovenna-

tuurlijke intensiteit die scherp afsteekt bij de weekheid van het stadje. Eindeloze velden, nevelachtige wouden met de kille geur van dieren in de ochtendstond, wildrijke dalen die al vol mist hangen en de grote eiken als harpen in de lauwe bries. In het oosten omsluiten de heuvels de laatste huizen, het golvende terrein strekt zich in het groene licht uit en op de eindeloze plantages begint de tabak in de wind van de vlakte op te komen.

En de beukenbossen, de luchtige bosschages, de groepjes dennenbomen, de diepe hagen en het lichte kreupelhout die de heuvels van Grandcour bekronen. Maar het kwaad waart rond. Er sijpelt een zwaar vergif binnen. O Duitsland, Reich van de weerzinwekkende Hitler. O Nibelungen, Wodan, Walkuren, schitterende, koppige Siegfried, ik vraag me af wat voor waanzin deze wraakzuchtige fantomen van het Zwarte Woud in het lieflijke geboomte van Payerne laten druppelen. De ontspoorde droom van absurde Teutoonse ridders die de sfeer in La Broye neersabelt, op een ochtend in de lente van 1942, wanneer God en een stel autochtone gekken zich eens temeer door Satan in een bruin hemd laten beduvelen.

II

In 1939 wordt bij de oorlogsverklaring een deel van de vijfhonderd werklozen van Payerne onder de wapens geroepen. De tweehonderd man die voor 'de dienst afgekeurd' zijn leiden een armoedig bestaan, hangen rond in cafés en overleven dankzij klusjes en foefjes. De crisis van de jaren dertig duurt voort en maakt slachtoffers. Het gaat slecht met de lokale economie. De Bank van Payerne gaat failliet. Er verdwijnen een paar fabrieken en constructiewerkplaatsen, en vervolgens een grote steenbakkerij, verscheidene molens, de boerendistilleerderij en de grote melkfabriek, die meer dan vijfhonderd arbeiders en arbeidsters in dienst hadden. Er beginnen ongure lieden met koperen ringen in hun oor en zwarte doekjes om hun magere hals over de wegen en paden rond te dwalen. Er bellen bedelaars bij huizen aan. De cafés zitten vol kankerende mensen. Ontevredenheid, armoede, verkrachtingen, dronkenschap en hardnekkige beschuldigingen.

Van wie is dat de schuld? Van de dikzakken. De welgestelden. De joden en de vrijmetselaars. Zij weten wel, vooral de joden, hoe ze hun zakken moeten vullen, terwijl de fabrieken gesloten worden. Kijk maar hoe goed zij het hebben, de joden, met hun auto's, hun bontjassen en hun winkels, die overal hun tentakels naar uitsteken, en wij Zwitsers, wij creperen van de honger. En het toppunt is dat het hier ons eigen land is. De joden en de vrijmetselaars. Uitzuigers en drinkers van het ware bloed.

In Payerne wonen een paar joodse families. Een ervan, de familie Bladt, oorspronkelijk afkomstig uit de Elzas, bezit de winkel Les Galeries Vaudoises, een voorloper van het moderne warenhuis: galanterieën, huishoudelijke artikelen, speelgoed, dames- en werkkleding, in de Grand-Rue, midden in de stad, de enige zaak in de wijde omgeving met zo veel aanbod. Verschillende etages en zo'n twintig werknemers. Het succes en de vlotte manieren van Jean Bladt, de eigenaar en directeur van de Galeries, wekken de afgunst en vervolgens de woede van de kleine winkeliers van Payerne. Nog zo'n jood die ons uitlacht. Kijk eens wat ze elders gedaan hebben.

Elders, elders, dat is Duitsland met de jodenvervolging, die de varkens vretende, protestantse vetzakken op bepaalde ideeën brengt, zonder dat iemand het met zo veel woorden zegt – want men leeft hier te midden van het onuitgesprokene, van gegrinnik en bedekte toespelingen.

Het joodse ongedierte. De joodse kakkerlak. De jood, die listig te werk gaat en zijn tentakels uitsteekt naar onze economie, die de politiek binnendringt en zelfs de advocatuur en zelfs het leger. Kijk eens naar onze cavalerie waarin het jodendom gedijt.

Avenches, op twaalf kilometer afstand in de richting van Bern, is in de vorige eeuw verrijkt met een synagoge. Dat komt doordat de gemeenschap er actiever en meer thuis is dan in Payerne. Fokkerijen en handel in paarden. Maar de synagoge wordt binnenkort gesloten en er gaan onfrisse geruchten rond op het oude Romeinse platteland, – de stad is een vroegere hoofdstad van Marcus Aurelius. *La Nation*, het orgaan van de Ligue Vaudoise, wijst met een beschuldigende vinger naar de joden van Avenches en Donatyre, een dorp in de buurt, waar de aanwezigheid van een joodse familie de redacteuren van de extreem-rechtse krant irriteert. Wie zou het recht moeten hebben om de paarden te fokken en te verkopen waar ons leger in deze tijden van oorlog zo'n behoefte aan heeft? Wie zou er profijt van moeten trekken, in plaats van die smouzen, die bloedzuigers, die ons tot op het plaatselijke bot uitzuigen?

Je loopt niet veel risico wanneer je de joodse vampier met de vinger nawijst. In Lausanne heeft een advocatencollectief, onder aanvoering van de Ligue Vaudoise van Marcel Regamey, al in 1932 geprobeerd de joden de toegang tot de advocatuur te ontzeggen. Een eis die tevens alle vrije beroepen en de hogere rangen in het leger betrof. Sinds een paar jaar is ook dominee Philippe Lugrin aan het complotteren en zich aan het opwinden, kortgeleden nog predikant van de geloofsgemeenschap Combremont, een bezeten antisemiet en lid van de Ligue Vaudoise, vervolgens van het Front en daarna van de Union Nationale, die het grondgebied van La Broye gekozen heeft om de kringen van werklozen, geruïneerde kleine boeren en arbeiders die hun baan dreigen te verliezen te infiltreren. In de achterzaaltjes van de cafés van Payerne en het omringende platteland houdt deze figuur bijeenkomsten die fel gebaseerd zijn op de haat tegen de joden en de 'smouzeninternationale.'

Dominee Lugrin is net uit zijn ambt ontzet, niet zozeer vanwege zijn ideeën, die de Kerk geenszins lijken te storen, maar omdat hij

gescheiden is van de dochter van een invloed-
rijke notabel uit Lausanne. Maar het Duitse
gezantschap is waakzaam en betaalt hem in
het geheim. Want Philippe Lugrin is handig,
op een hartstochtelijke manier koel en metho-
disch. Lijsten van joden in Vaud en Zwitserland, lijsten met hun handelsondernemingen
en activiteiten, lijsten met hun trawanten en
stille vennoten, lijsten met hun adressen, tele-
foonnummers en de nummerborden van hun
auto's, Lugrin scherpt aan, stelt aan de kaak,
karikaturiseert en roept om een krachtig voorbeeld. Deze zonderlinge man Gods, een ver-
trouwde gast van het nazistische gezantschap
in Bern waar hij financieel en logistiek door
gesteund wordt, vermengt in zijn donderpre-
ken een opsomming van recente faillissementen van eerlijke autochtone industrieën en de
Thora, politierapporten en verslagen uit het
handelsregister, de *Protocollen van de wijzen
van Sion*, de mythologie van het oude Europa
en de stellingen van Alfred Rosenberg, de fascinatie voor dr. Joseph Goebbels en in de aller-

eerste plaats *Mein Kampf.* Een voorbeeld, eist hij nogmaals. Wraak. Parasieten. Dood aan de ratten!

De toehoorders begrijpen dat er een grote schoonmaak plaats dient te vinden en dat zij zich onverwijld dienen te ontdoen van het gespuis dat verantwoordelijk is voor hun vernederingen. Kreten en applaus. *Deutschland über alles! Die Fahne Hoch!* De door Lugrin in zijn koffertje meegenomen opname van het nazilied kraakt en davert op de grammofoon van de kroeg. Achter de gesloten grenzen is Europa vannacht in de macht van Hitler. Stalingrad is nog ver weg. Hier, op de vredige vlakte van Broye, in café Het Witte Kruis, in de Hinde en in Winkelried eindigt iedere bijeenkomst van dominee Lugrin met hakkengeklak en de groet met gestrekte arm. Dood aan de joden. Heil Hitler! Moge je rijk voor duizend jaar komen, o Führer, op je herrezen Europa!

III

In Payerne zijn de toespraken van de hitleriaanse dominee in vruchtbare aarde gevallen.
Door de ene na de andere bijeenkomst te or-
ganiseren en de door de crisis veroorzaakte
rancunes en frustraties te bespelen ziet Philippe Lugrin zijn inspanningen met succes
bekroond. In de achterzaaltjes waar wij hem
hebben zien optreden en 's avonds dikwijls in
leegstaande schuren of in een verlaten steenbakkerij en soms op een open plek in het bos
van Invuardes, in het licht van lantarens of de
lampen van motorfietsen waaraan geknutseld
is, hebben de magere gestalte van de geeste-
lijke, zijn vinnige gebaren, zijn kop met ge-
plakt haar, zijn brilletje à la Goebbels en ook

zijn woorden, die hij er op koele wijze uitgooit maar waarvan je voelt dat ze onder de ijskoude buitenkant gloeien van overtuiging, zijn publiek geëlektriseerd, een publiek bestaande uit werklozen, verbitterde mensen, teleurgestelde boeren, verarmde lieden en machteloze, verkrampte schreeuwlelijken die nu klaarstaan om af te rekenen met die joodse plaag, de uitzuigers, het internationale complot dat onze zaken ondermijnt, onze banken in bezit neemt en onze integriteit aantast door zich te verbinden met Moskou, New York en Londen om ons langzaam maar zeker te verstikken.

Op dat afgelegen platteland heeft de afkeer van de joden de smaak van bitter herkauwde en doorwroete aarde die vermengd is met het glimmende bloed van varkens, met de verscholen kerkhoven waar het gebeente van de doden nog spreekt, verduisterde of verprutste erfenissen, zelfmoorden, faillissementen, de duizendmaal vernederde eenzaamheid van verzuurde, hongerige lichamen. Het hart en het geslacht hebben in de zwarte voorvaderlijke aarde gebloed – een zwaar brouwsel – waarbij hun duistere lichaamsvochten in de donkere grond vermengd zijn met het bloed van de horden varkens en hoornvee. De geest, of wat daarvan over is, is geïrriteerd door logge, atavistische en politieke jaloezie en zoekt naar degene die de schuld draagt van al dat onrecht en onbehagen, en vindt hem in de jood, die zo anders is dan wij, met zijn grote neus, zijn donkerbruine gelaatskleur en zijn krullende haar op zijn dikke kop. De jood, met zijn bankrekening en zijn buik, het hoeft ons niet te verbazen. De jood, met zijn besnijdenis. De jood die andere dingen eet dan wij. De jood die zich verrijkt heeft door ons met zijn banken en zijn leningen op onderpand te bestelen, en met zijn handel in vee en paarden, die hij aan ons leger doorverkoopt. Ons leger!

Overgeërfde verwarring tussen het bloed van de beesten en de aan hun boerenlot vastgeklonken menselijke karkassen die in de aarde van vergeten kerkhoven vergaan. Moedeloze lotsbestemmingen, doden die al dit eindeloze

platteland nooit verlaten hebben, opgesloten-
heid, afstomping, getob, ze buiten me uit, ze
beroven me: woorden vol haat.

Het is vreemd dat dit gepraat alsmaar her-
haald wordt in de klaarte van de heuvels, die
in deze eerste lentedagen met hun idyllische
licht nog helderder lijken. Aan de voet van de
uit geel kalksteen opgetrokken abdij gaat het
leven in het stadje zijn gangetje alsof niets,
geen dreiging en geen gevaar, de lucht en de
ziel doorklieft. Op de markt van Payerne, die
elke week gehouden wordt op het pleintje waar
de wind van de vlakte opspringt, staan korven
met wintergroenten, goudrenetten en kleine,
gedroogde vruchten, en ondanks de 'rantsoe-
nering' ook manden met eieren, dikke, ronde
kazen, room uit de stallen, honing uit de bossen en van de weiden en flessen met druiven-
moes en notenolie. De messenkraam en de
overvloed aan vlees en fijne vleeswaren worden tegen het lentezonnetje beschermd door
oranjegele zeilen en overhuivingen waaronder het gefilterde licht het schitterende vlees

laat glimmen. Alweer dat vlees. Waar zou die waarschuwing vandaan komen? Alsof de te vette aarde van het omringende platteland onvermijdelijk tot deze bloederige stukken leidt, tot deze lendenstukken, ribstukken en donkerrode levers die door paars zweet omkranst worden. Terwijl in het kraampje de als het ware gebeeldhouwde varkenskoppen op witte schalen glimlachen, denk je aan de kapitelen van de kerk hier vlakbij, die een godvruchtige koningin tien eeuwen geleden had gewenst ter bevordering van de zielenrust en de standvastigheid van haar onderdanen.

IV

In Payerne, in de garage van de gebroeders
Ischi tegenover het stadhuis en de mysteri-
euze, verkoelende hertenkamp, staat Ischi al
een paar jaar ingeschreven bij de Mouvement
National Suisse. Deze Fernand heeft in Genève in de persoon van Georges Oltramare
een extreem-rechtse leider met een daverende
stem gevonden: een groot verleider, een handig tacticus, een gewetenloos redenaar, een
ophitser en een onruststoker. Oltramare wordt
door één krijgsplan geobsedeerd: de overwinning van nazi-Duitsland en dus de uitroeiing
van de Zwitserse joden. In Genève heeft Fernand Ischi, die als ongeschoold arbeider in de
garage van de familie werkt en nu en dan een

fiets of een motorfiets repareert en ver van zijn geboortestad een hongerlijderbestaan leidt, alle bijeenkomsten van de nazileider Georges Oltramare* bezocht en hij is erdoor betoverd geraakt.

Oltramare riddert hem, vleit hem en brengt hem in contact met dominee Philippe Lugrin. Vanaf dat moment vinden er zeer talrijke en opgewonden ontmoetingen tussen de ontspoorde theoloog en de leerling-Gauleiter plaats.

'Gauleiter, zegt u. Overdrijft u niet een beetje?'

Al op zijn zestiende, wanneer hij de school verlaat waar hij een middelmatige leerling is en uitsluitend en alleen wordt geboeid door de gymnastieklessen, wordt Fernand Ischi door

---

*Later leeft Oltramare als balling in het van 1941 tot 1944 bezette Frankrijk, waar hij als nieuwslezer en presentator voor het door de nazi's gecontroleerde Radio-Paris werkt. Hij neemt onder de naam Dieudonné aan de uitzendingen deel.

Duitsland, de machtsovername van Hitler, de opkomst van het nazisme en de bijbehorende gewelddadigheden gefascineerd. Ten tijde van de Olympische Spelen in Berlijn in 1936 ziet hij de films van Leni Riefenstahl op de Geneefse filmdoeken en wordt hij meegesleept door het harde, heldere ideaal van de propaganda. Schoonheid van de Arische lichamen, vaandels, naaktheid, blond haar, fanfares van middeleeuwse bazuinen, blauwe blikken strak omhoog gericht om de extatische blik van de Leider te ontmoeten… Fernand Ischi raakt verbeten van begeerte en eenzaamheid. De benauwdheid van zijn geboortestad. Het geringe aantal van zijn prooien. Zelf is hij een krachtige gymnast en bodybuilder. Ischi overtraint zijn spieren en stelt zijn krachten op de proef met steeds dwingender oefeningen. Hij is vrij klein van stuk maar heeft 'precies het postuur van Adolf Hitler', zegt hij tegen wie het maar wil horen, en hij heeft op zijn dertigste al een kalend voorhoofd, maar hij ziet er goed uit door zijn rechte rug, brede schouders en bicepsen, die onder zijn bruine hemd duidelijk zichtbaar zijn, en hoewel hij getrouwd is en vader van een jongen en twee meisjes, houdt hij een reputatie van een donjuan in ere die zijn maatschappelijke mislukking compenseert. Momenteel op intieme voet met de spionne Catherine Joye, lid van de Mouvement National en agitator, wier machinaties en enthousiaste, schaamteloze gedrag door haar echtgenoot Marcel Joye gedekt worden en daardoor is Fernand Ischi dus de minnaar van een mannenverslindster, de goed geïnformeerde serveerster en goede verbindingsofficier in het café Winkelried in Payerne, en ongetwijfeld ook die van zijn jeugdige vriendin Annah, zeventien jaar oud, die hij al spoedig aan zijn fantasieën zal laten gehoorzamen, tot aan de diepste onderworpenheid toe. Tegenover de verontruste leden van zijn partij, die wellicht ook jaloers zijn op zijn uitspattingen, citeert Fernand Ischi met een zelfingenomen glimlach Hitlers uitspraak: 'Niets is zo mooi als het opvoeden van een jong meisje.'

Fernand Ischi heeft samen met zo'n twintig inwoners van Payerne de eed van trouw aan de nazipartij afgelegd. Hij is opschepperig en zelfingenomen. Maar sluw, praktisch, zelf ook goed geïnformeerd en verteerd door haat, wraakzucht en machtsbelustheid. Hij heeft een hekel aan joden, maar hij haat en veracht ook de burgerlui van Payerne, die hebben gezien hoe moeilijk hij het op school had en hoe hij in de garage door het gezag van zijn broers werd gekleineerd. Al vanaf zeer jeugdige leeftijd, na het verlaten van de school, heeft hij altijd een wapen bij zich, een Walther 7.65, hij loopt ermee te koop om de bink uit te hangen. En om angst aan te jagen. En te dreigen. In een wijnkelder in de stad, waar hij naartoe gaat om te drinken, schiet Ischi op het meisje in badpak op een vermoutreclame. Hij richt op haar borsten en haar geslacht. Op een andere avond neemt hij na een bijeenkomst van dominee Lugrin de negentien jaar oude Georges Ballotte, leerling-monteur in de garage, achter op zijn motorfiets mee, de twee gewapende makkers rijden in volle vaart in de richting van La Provençale, de villa van Bladt langs de weg naar Corcelles, en Fernand Ischi schiet een paar keer tegen de ramen en de muren van de al te mooie woning. De snel wakker geworden Jean Bladt probeert de politie te waarschuwen: niemand, het bureau is verlaten. En de volgende ochtend, als het licht wordt: 'Het was vast de wind,' zegt de dienstdoende politieman, 'of een kat. Een uil. Of verbeelding. Dat is het natuurlijk. U hebt zeker gedroomd. Het valt niet te begrijpen waarom iemand er lol in zou hebben om 's nachts na tweeën met zijn pistool op uw huis te schieten...'

Ischi mag zich met zijn veelvuldige minnaressen graag aan rituele onderwerpingsspelletjes wijden. Eén van hen vertelt dat hij haar, met haar benen enigszins gespreid, met de riem van de Waffen-ss slaat. Hij neemt er trouwens de houding bij aan, klakt met zijn hielen en herhaalt duizend keer de groet met geheven arm voor de spiegel. Vervolgens laat hij zich door fotograaf Juriens in nazi-uniform fotograferen.

'Het valt niet te begrijpen...' heeft de verantwoordelijke agent die ochtend op het bureau gezegd. Maar het valt wel degelijk te begrijpen. Je zou liever je tong afsnijden, je ogen uitsteken en je trommelvliezen doorboren dan erkennen dat je weet wat er in de garage beraamd wordt. En in de achterzaaltjes van bepaalde cafés. En in de bossen. En ten huize van dominee Lugrin. En het gestook, de complotten en de netwerken van het Duitse gezantschap in Bern dat de Zwitserse nazi's aanspoort en steunt, te beginnen met Oltramare in Genève en Lugrin in het land van Vaud. En de machinaties van de MNS, de machtige, wraakzuchtige Mouvement National Suisse, waarvan Ischi de cel in Payerne nieuw leven heeft ingeblazen, die door hem geleid wordt met de harde hand van een Gauleiter die binnenkort aan de macht zal zijn.

Na deze tegen een reclamebiljet en de villa

van Bladt gerichte heldendaden stellen Fernand Ischi en Georges Ballotte, zijn leerling, anonieme dreigementen op schrift die ze naar de joodse families van de regio Lausanne en van La Broye sturen. Vervolgens bereiden zij op bevel van Lugrin twee aanslagen op de synagoges van Lausanne en Vevey voor. 'We zullen dat tabernakel eens even in de lucht laten vliegen,' grinnikt de sinistere dominee, terwijl hij met beide handen over zijn voorhoofd strijkt, een gebaar dat bij hem kalme tevredenheid uitdrukt. De aanslagen zullen door gebrek aan tijd en handlangers ter plekke, niet plaatsvinden. In Vevey en vooral in Lausanne is de joodse gemeenschap talrijker en beter georganiseerd dan in Payerne. Hoe het ook zij, de anonieme brieven, intimidaties, telefonische dreigementen, plannen voor dynamietaanslagen en brandstichtingen, al die activiteiten worden altijd bevolen en gevolgd door dominee Lugrin, die de samenzweerders in Payerne van lijsten en plannen blijft voorzien.

Om op zijn gemak bij te komen van al die

verantwoordelijkheden maakt Fernand Ischi
heel vaak midden in de nacht de jonge Annah
wakker, die hij terroriseert door haar gruwelijke toneeltjes te laten ondergaan.

'Op je knieën, Annah. We doen of je een
jodin bent.'

Op je knieën, Annah. Je bent een jodin,
Annah.

'U bent knettergek,' zegt Annah.

Ze is naakt. Ze gehoorzaamt rillend. De
riem fluit door de lucht en snijdt in de rug en
de dijen van het jonge meisje. Het bloed spuit
tevoorschijn. Ischi, nu ook op zijn knieën, likt
het bloed dat gestroomd heeft op, 'je jodinnen-
bloed, Annah, je zeugenbloed.'

Aan de andere kant van de gesloten grenzen, heel ver weg, heel dichtbij, hebben de
Panzerdivisionen en de Luftwaffe alle verde-
digingslinies doorbroken. Polen is gevallen,
Tsjechoslowakije, Hongarije, Roemenië, Bel-
gië, en Frankrijk is bezet, en Italië een bondge-
noot, Japan heeft zich in de strijd gemengd en
de tanks, de zwarte, onoverwinnelijke tanks,

stormen nu op Stalin af. Dood aan het joodse bolsjewisme. De totale overwinning is een kwestie van een paar weken. Op zijn hoogst een paar maanden. Aan het eind van dat jaar 1942 zullen heel Europa en Rusland in handen van Hitler zijn. Moge zijn rijk beginnen. En moge hier, in Payerne en nergens anders, de eerste stappen op weg naar het Zwitserse nazirijk gezet worden, een rijk binnen het rijk, waarvan Gauleiter Ischi met zijn partij van dapperen de zuiverende leider zal zijn.

Zeven uur 's avonds, maandag 6 april 1942. De zon gaat onder in de wrange, lichte lentelucht. Ischi is op zijn motorfiets gestapt, hij is in de richting van de heuvels die op Payerne neerkijken gereden en heeft in het gehucht Trey halt gehouden. Nu kijkt hij naar de enorme vlakte in het diffuse licht. Waar denkt Fernand Ischi aan op dit weemoedige moment in de lente, oog in oog met die in nevel badende ruimte en de heuvels die voortgolven tot aan de einder bij Surpierre, tot bij de kruinen van de bossen van Lucens? Wordt hij diep in zijn hart aangegre-

pen door de herinnering aan de mensen in zijn
omgeving, goedhartige, liefderijke mensen,
die hij door het plegen van zijn wandaden het
grootste verdriet van hun leven zal bezorgen?
Er hebben zich al zo veel vrienden van hem
afgekeerd. Zijn angstige vrouw heeft hem al zo
vaak gesmeekt om zijn plan te laten varen. En
zijn kinderen… Hun hele toekomst. Maar bij
dat woord toekomst gaat er een schok door zijn
lichaam en Ischi maakt zich boos, herstelt zich
en verwijt zichzelf dit moment van zwakte on-
middellijk. De toekomst, dat is de Duitse overwinning. De toekomst, dat is de Noordelijke
Provincie waarvan hij de Leider, de commandant, de onbetwiste, officiële Gauleiter zal zijn.
De toekomst, dat is Adolf Hitler en de zege van
de Nieuwe Orde over een Europa dat bevrijd is
van zijn aardwormen en herenigd in het Grote
Reich. Dus wat doen die kleine heuveltjes, met
die avondlijke rookkolommetjes die daar in de
verre verten spoedig zullen verwaaien ertoe?
Met een gebaar verjaagt hij net als die rook die
oude mijmeringen, stapt weer als de onverzet-

telijke held die hij is op zijn motorfiets en gaat
op weg naar de jonge Annah met haar billen
vol striemen van de slagen met de riem, in het
éénkamerappartement in de Rue des Granges
dat ze van de serveerster in de Winkelried in
bruikleen heeft.

V

In 1942 wonen er verscheidene joodse gezinnen in Payerne, onder wie de familie Bladt,
de familie Gunzburger, handelaren in textiel
en werkkleding, en de familie van Fernand
Bloch, die zijn verwanten uit de Elzas in zijn
huis heeft opgenomen. Telkens als hun ver-
blijfsvergunning verlengd moet worden, krijgt
mevrouw Bloch de ironische, dreigende woorden van de verantwoordelijke ambtenaar van
het gemeentelijke bureau te verduren. Wanneer de kleine Bloch van school naar huis
loopt, wordt hij heel vaak uitgescholden en
gemolesteerd. Er worden steentjes naar hem
gegooid en hij wordt met boomtakken geslagen. 'Vuile smous,' roepen de jongetjes, wier

ouders het met gegrinnik en klappen van hen overnemen. De jonge Bloch verschuilt zich radeloos in zijn huis en weigert nog naar school te gaan.

Intussen wil dominee Lugrin Ischi en zijn nazi's overreden om tot daden over te gaan. Alles is klaar voor het voorbeeld dat het stel Zwitserland en de joden die op het grondgebied parasiteren zal geven. Dus onverwijld een jood uitzoeken die heel representatief is en zeer schuldig aan smerige jodenstreken, en hem op een spectaculaire manier liquideren. Waarschuwing en dreigement. We gaan de zaak schoonmaken. Zuiveren. En zo de definitieve oplossing verhaasten. Sieg Heil!

Wat nog ontbreekt, is het slachtoffer. Een van de smousen van Payerne? Jean Bladt staat als eerste op de lijst. In ieder geval zal hij net als die parasieten een keer aan de beurt komen. En hoe eerder hoe beter. Avenches? Dat zou een minder groot effect hebben dan in Payerne waar hard toegeslagen moet worden, aangezien hier de nieuwe regering gevestigd zal worden. Uiteindelijk valt de sinistere keus op een joodse veehandelaar uit Bern, de praktiserende, welgestelde Arthur Bloch, die de boeren en de slagers uit de hele streek goed kennen, wat van hem een voor de hand liggend en exemplarisch slachtoffer maakt. De volgende beestenmarkt vindt op donderdag 16 april in Payerne plaats. Arthur Bloch zal er zijn. Dan moet er opgetreden worden. Dan zal er een opzienbarend voorbeeld gesteld worden.

Het idee is afkomstig van de gebroeders Marmier en hun knecht Fritz Joss. Maar wie zijn de gebroeders Marmier? In de garage heeft zich rond Gauleiter Fernand al snel een louche groepje gevormd waarbij zich twee aan de bedelstaf gebrachte boeren, de broers Max en Robert, hebben aangesloten en ook hun dagelijkse bediende Fritz Joss, een zwijgende, atletische, uit Bern afkomstige man die zijn bazen blindelings gehoorzaamt. Fritz Joss is de perfecte hulp, een harde werker en niet kapot te krijgen. De broers Marmier hebben hun bedrijf slecht geleid. De kiem van hun wraakzucht. Ze hebben zich omgeschoold tot voerlui en bieden zich aan om voor de bevoorrading te zorgen tussen de boerderijen, de markten en de pas gebouwde kazerne bij het militaire vliegveld, op vijf kilometer van de stad in de richting van Grandcour. Sinds een jaar of twee, drie, gaan de zaken minder slecht, maar de beide Marmiers kunnen er maar niet overheen komen dat zij hun boerderijen en akkers kwijt zijn geraakt. Niettemin hebben ze net weer een kleine plattelandswoning midden in Payerne gekocht, in de oude Rue-à-Thomas we zullen zien dat dit zeer bescheiden onderkomen in deze geschiedenis plotseling een smerige, belangrijke rol zal gaan spelen. Een geschiedenis waarover dominee Philippe Lugrin, de verdoemde ziel van de Beweging, zijn giftige adem blaast, hij is degene die voortdurend nieuwe namen toevoegt aan de lijst met joden die geterroriseerd moeten worden, die regelmatig Fernand Ischi in zijn bureau in Prilly ontbiedt om de bevelen van de MNS door te geven, degene die drie lange avonden per week de leden en sympathisanten van Payerne en omgeving toespreekt en indoctrineert en tevens degene die de verbinding met het Duitse Gezantschap onderhoudt.

Op zaterdag 4 april heeft hij Fernand Ischi in Prilly ontboden. 'Dit is het goede moment,' heeft Lugrin tegen hem gezegd. 'We kunnen niet langer wachten. Heil Hitler!'

Opgewonden, zoals bij al zijn bezoeken aan Prilly, kijkt Fernand Ischi naar de nazitrofeeën en de onderscheidingen die aan de muur hangen en naar het grote portret van Hitler in zijn bruine uniform, met het ijzeren kruis op zijn borst en de partijband om zijn arm. Hij bekijkt de foto's – aan de wand en op de boekenplanken – van theoreticus Rosenberg, Himmler, Albert Speer, Joseph Goebbels en de onoverwinnelijke Riefenstahl uitvoerig. Om hem te plezieren laat de dominee hem in zijn werkkamer, die door een linde met nieuwe blaadjes beschaduwd wordt, tegenover zich plaatsnemen, houdt hem een rood pakje Laurens voor,

Ischi's lievelingssigaretten, en trekt vervolgens een door het Duits Gezantschap aangeboden fles rijnwijn open. Lugrin strijkt met zijn beide handen met lange, slanke vingers over zijn voorhoofd en glimlacht naar Ischi, die van zijn stuk is gebracht. 'Een goed idee,' zegt hij vleiend. 'Een slimme strategie. Arthur Bloch is in heel Payerne bekend. Als de bonte hond. Hahaha. En binnenkort als de geliefde zondebok!'

Fernand Ischi is hoogst opgewonden en dronken van trots van Prilly naar huis teruggekeerd. Eindelijk het blijk van moed dat van hem verwacht wordt. Een jood die ten voorbeeld wordt gesteld. De ridderslag. Nu zal het duidelijk worden. Voor de hele, Zwitserse smousengemeenschap, zodat ze weten wat hen te wachten staat. En bovendien kun je wel zeggen dat het goed uitkomt. Op 16 april ruimen we Arthur Bloch uit de weg. De twintigste is de verjaardag van Adolf Hitler. Je kunt erop rekenen dat het Duits Gezantschap de Führer op die maandag de twintigste van het goede

nieuws op de hoogte zal stellen, hij zal zich
het geschenk bij de thans nabije komst van de
Nieuwe Orde herinneren.

VI

Arthur Bloch is zestig. Een brede mond, dikke lippen, bolle wangen en een hoog voorhoofd onder glad haar dat nog zwart en glanzend is en links door een scherpe scheiding in tweeën wordt gedeeld. Hij heeft een normaal postuur, is vrij gezet en altijd donker gekleed, met een vest, een zwarte stropdas en een hooggesloten colbertkostuum, en hij laat zijn kleren vervaardigen door meneer Isaac Bronstein, een kleermaker in de hoofdstad, om zo een groot aantal binnenzakken in zijn jasjes en zijn overjassen te verkrijgen. Hij heeft er een hekel aan om met aktetassen of koffertjes opgescheept te zitten en klemt de grote coupures die voor zijn aankopen noodzakelijk zijn in zijn portefeuille altijd dicht tegen zich aan. Dwars over zijn buik hangt een horlogeketting zonder snuisterijen.

Omdat hij aan zijn linkeroor doof is, buigt Arthur Bloch in gezelschap zijn hoofd zijwaarts om het gesprek te kunnen volgen. Een linkeroor dat dikwijls voorzien is van een Sonotone. Hij draagt onveranderlijk een zwarte of zeer donkergrijze ronde vilthoed en gaat bijna nooit de deur uit zonder zijn notenhouten wandelstok waarvan de knop altijd glimt van het zweet, hij heeft de gewoonte om met zijn wandelstok tegen de flank of het achterwerk van de beesten te duwen en te drukken om ze bij zijn aankopen beter te kunnen bekijken.

Arthur Bloch is in 1882 in Aarberg in het kanton Bern geboren. Hij is de enige jongen in het gezin en het oudste kind, met vier zusjes. Arthur Bloch is negen jaar wanneer zijn vader in 1891 sterft. Zijn moeder stuurt hem naar het Franse instituut in Remiremont om de taal te leren, Arthur zit intern op de kostschool en daarna volgt hij in Luzern en in Thoune zijn rekrutenopleiding bij de cavalerie, toen al de paarden. In 1914 wordt hij na de oorlogs-verklaring als dragonder voor de dienst in het Zwitserse leger opgeroepen. Hij verliest er het gehoorvermogen aan één oor.

In 1916 neemt hij op zijn vierendertigste de veehandel van zijn oom Jakob Weil over. De zaken gaan goed. In 1917 trouwt hij met Myria Dreyfus, een meisje uit Zürich, en het echt-paar vestigt zich in Bern op nummer 51 van de Monbijoustrasse, een chique straat niet ver van het station, waar de Blochs in 1942 nog steeds wonen.

Hun eerste kind sterft jong. Daarna komen in december 1921 Liliane Désirée en in maart 1925 Eveline Marlise, de jongste, ter wereld.

Arthur Bloch is een goed en gul mens met een gelijkmatig humeur. Rabbijn Mes-singer zal zijn bedaarde manier van optreden ter sprake brengen. En Georges Brunschwig, die aan het hoofd staat van de Israëlitische ge-meenschap van Bern, zal herinneren aan Arthur Blochs verbondenheid met Zwitserland, waar zijn eigen vader in 1872 in Radelfingen in de buurt van Aarberg tot Zwitser en inwoner van het kanton Bern is genaturaliseerd.

Arthur Bloch, al meer dan vijfentwintig jaar veehandelaar, is vertrouwd met de veemarkten van La Broye en als zodanig begeeft hij zich regelmatig naar Oron en Payerne – zijn voorkeur gaat uit naar Payerne, waar hij alle boeren en slagers die naar de markt komen persoonlijk kent.

Arthur Bloch heeft de gewoonte om de korte afstand tussen de Montbijoustrasse en het station te voet af te leggen, waarbij hij ritmisch met zijn wandelstok tikt. Hij stapt in de eerste trein naar La Broye, die via Avenches naar Payerne rijdt. Hij houdt van die reis van anderhalf uur tussen de uitgestrekte grasvelden en de valleitjes, die in het ochtendlicht nog vol mist hangen.

Aankomst op het station van Payerne om 6 uur 18. Bloeiende kastanjebomen, zijdeachtige heuvels, opgeklaard weer dat des te mooier is omdat het vanbinnen en vanbuiten bedreigd wordt. Maar Arthur Bloch ziet het gevaar niet. Arthur Bloch ruikt het niet.

Op de markt wordt contant betaald. Geen ingewikkelde dingen, geen papieren. Je slaat elkaar in de hand. Arthur Blochs portefeuille is zwaar van de grote bankbiljetten waarmee hij gaat betalen voor de koeien en de rood-bonte ossen die hij op het plein zal opsporen. Hij heeft er oog voor, is gerespecteerd, betaalt goed en drinkt graag het glaasje witte wijn dat op de markt zelf of in de stal geschonken wordt om de koop af te ronden en de deur met zo veel woorden open te houden voor nieuwe transacties. Hij neemt ook plaats aan een tafeltje in de cafés waar zijn klanten wat gaan drinken, café de Verkoop, het Witte Kruis, de Hinde, de Gouden Leeuw, hij kent veel mensen, geeft een rondje en noteert nieuwe afspraken. Rood aangelopen koppen, zwetende voorhoofden, grote, dikke handen, de rook van Fivaz-sigaren en Freiburger pijpen, dichtgeknoopte vesten waaronder portefeuilles die gezwollen zijn van de goede transacties. En al die stemmen met dat zware accent, dat geroep en die kreten die door de wijn van Belletaz een paar uur lang opgezweept en verhit worden.

Daarna stapt Arthur Bloch weer op de trein naar Bern en keert rustig huiswaarts, naar de Montbijoustrasse, waar Myria het avondmaal heeft bereid dat het echtpaar sereen nuttigt, gehoorzaam aan een Wet die Arthur nooit overtreedt.

VII

Wanneer het op 16 april licht wordt is het fris
en waait er een briesje over Payerne. De boeren hebben hun beesten al om zeven uur op
het Marktplein vastgemaakt aan de brede me-
talen hekken die een tingelend geluid maken
wanneer de koeien, de ossen en de stieren aan
hun halster en hun ketting trekken. Gewapend
met ijzeren scheppen en grote rieten bezems,
vegen de staljongens de koeiendrek bijeen en
gooien die in de kiepwagen die is neergezet
aan de rand van het plein aan de kant van het
station, langs de rails van de spoorlijn, onder
de kastanjebomen waarvan de bladeren al zijn
uitgegroeid.

De vachten van de runderen, hun achterdelen en hun snuiten dampen in de koude lucht. De beesten bulken en loeien. Uit een roodachtige wagon wordt een kleine kudde geladen waardoor het grote aantal dieren dat al bijeen is gebracht nog verder toeneemt. Alles bij elkaar bijna honderdzestig stuks, het is de eerste markt van het jaar, die willen we niet missen.

Op die donderdag 16 april 1942 is Arthur Bloch om acht uur op het Marktplein. Goedmoedig groet hij zijn kennissen en maakt een praatje met Thévoz uit Missy, Avit Godel uit Domdidier, de slager Bruder, en Bosset, Jules Brasey, en natuurlijk Losey uit Sévaz. Hij blijft lang voor de beesten van Émile Chassot uit Villaz-Saint-Pierre staan, een schitterend stel roodbonte ossen met witte hoorns, hun vacht glanst, hun snuit is blauw en vochtig, de beesten hebben een duidelijke hals, een grote pens en gespannen dijen, wat op zeer goed vlees wijst. Vijfentwintig jaar veehandel hebben Arthur Blochs nieuwsgierigheid niet verminderd. Hij houdt er nog steeds van de beesten die hij koopt en doorverkoopt en die hij op andere markten weer tegenkomt te betasten, hun geur op te snuiven en te bevoelen. Hij drukt het uiteinde van zijn wandelstok tegen de flank van één van de ossen uit Villaz-Saint-Pierre, strekt vervolgens zijn hand weer uit, komt weer dichterbij om de dij te bevoelen en strijkt zachtjes over de nek... Arthur Bloch is betrouwbaar, niet gehaast of arrogant. Hij heeft, bedaard en oplettend als hij is, de bedachtzame traagheid van de boeren uit de streek. Door met hen om te gaan voelt hij zich, zonder op hen te lijken, al lang een van de hunnen, die door hen geacht en gerespecteerd wordt.

Wat Arthur Bloch niet gezien heeft, omdat hij te druk bezig is met het bekijken en kopen van de runderen van Godel, Chassot, Jules Brasey en Losey uit Sévaz, is dat een klein groepje zwijgende mannen in leren jasjes met gesloten gezichten een half uur geleden met heimelijke passen de markt op is gelopen zonder hem een moment uit het oog te verliezen. Eerst hebben ze zich op een afstand gehouden, maar nu komen ze dichterbij en houden hem in de gaten.

Dat groepje is de bende van de garage. De nazi's van Ischi's Partij: Ischi zelf, de leider, de leerling-monteur Georges Ballotte, Max en Robert, de twee broers Marmier, en de atletische knecht Fritz Joss. Maar de samenzweerders weten dat ze in het oog gehouden worden en maken zich ongerust.

'We vallen te veel op,' zegt Ischi. 'We lopen te veel in de gaten. Ik ga terug naar de garage. Afleidingsmanoeuvre. Jij, Max, gaat ergens wat drinken om erachter te komen wat er in de cafés gezegd wordt. En jij, Robert, brengt samen met Ballotte en Fritz de smous naar de Rue-à-Thomas en daar maken jullie hem af. En ik kom naar jullie toe met de bevelen.'

Achter blijven dus Robert Marmier, de leerling-monteur en de knecht Fritz Joss. Ineens neemt Robert een besluit en roept naar Arthur Bloch op het moment dat deze zijn portefeuille pakt om de vaars te betalen die hij van Cherbuin uit Avenches heeft gekocht.

'Meneer Bloch, alstublieft…'

Maar Arthur Bloch praat met Cherbuin, dan met Brasey, en vervolgens met Losey, hij laat zich naar andere beesten meetronen, probeert af te dingen en betast met zijn stok. De tijd gaat voorbij. Het is kwart voor tien. Het begint warm te worden op het Marktplein, de drie samenzweerders zweten.

'Deze keer gaan we eropaf,' zegt Robert.

Ze spreken nogmaals Arthur Bloch aan.

'Dag meneer Bloch,' zegt Robert met stemverheffing, hij heeft de Sonotone opgemerkt en gezien dat Arthur Bloch zijn oren spitst in een poging op te vangen wat er gezegd wordt.

En hij gaat met een heel luide stem verder: 'Meneer Bloch, mijn broer wil een koe verkopen. Het is in de Rue-à-Thomas, in de stal, vlakbij.'

'Rue-à-Thomas,' herhaalt Arthur Bloch zonder achterdocht.

Hij is alleen verbaasd dat het beest niet samen met de rest op het plein staat.

'Mijn broer had geen tijd om hem te brengen. Hij was vanochtend ziek. Maar het beest is in goede gezondheid! Ha-ha-ha. Een mooi beest, meneer Bloch. Gezond. Een goeie melkkoe. En mijn broer wil haar verkopen.'

Het lijkt Arthur Bloch wel wat. Hij gaat op het voorstel in. En nu vertrekken de beide mannen in de steeds warmere zon, Ballotte voegt zich bij hen en de knecht sluit de gelederen.

VIII

Ze arriveren in de Rue-à-Thomas. De korte weg is zwijgend afgelegd. Arthur Bloch heeft nog steeds niets in de gaten. Is hij moe? In slaap gesust door de goede zaken die hij die ochtend gedaan heeft? Je kunt je verbazen over het geringe onderscheidingsvermogen van zo'n verstandige man ten aanzien van de mislukte, ontspoorde boer Robert Marmier, de knecht met zijn brute kop, en vooral de jeugdige Ballotte, wiens schooierachtige voorkomen hem had moeten verontrusten. Maar tegenover de dood bestaat er geen logica. Wanneer hij de stal in de Rue-à-Thomas binnenloopt, weet Arthur Bloch niet, vóélt hij niet dat hij de vreselijkste slachtpartij tegemoet gaat.

Er staan maar twee koeien, dat is ongewoon voor een onderneming die in bedrijf is. Arthur maakt zich daar evenmin ongerust over.

Wanneer de vier mannen de donkere stal betreden, draait één van de koeien haar kop in hun richting, waarbij ze over de vloer schraapt en haar ketting in beweging brengt. Arthur Bloch, die zichtbaar van zijn stuk is, had niet verwacht dat hij zo'n mooi exemplaar zou aantreffen.

'Deze is het,' zegt Robert Marmier, en hij richt zijn zaklantaarn op het dier.

Een beest met een bijna roodblonde vacht, een lange rug en duidelijke flanken boven het fijne dons van de gespannen uier. De zware geur, van vochtige oprispingen, speeksel en teder seksuele melk, hangt er helemaal omheen. Het oog van het wijfje glanst in het door het raampje binnenvallende zonlicht en in de op haar gerichte lamp.

Arthur Bloch, die een tijdje niets zegt, betast met zijn hand en zijn stok de flanken en de witte buik.

'En wat moet dat prachtbeest kosten?' vraagt hij ten slotte, alsof hij staat te dromen.

'Vierentwintighonderd,' zegt Robert.

'Tweeduizend,' roept Arthur Bloch, die plotseling wakker is geworden.

'Tweeduizend, tweeduizend, dat gaat niet...'

'En ik doe er geen frank bij.'

Het loven en bieden is begonnen. Robert Marmier krijgt er plezier in. Ballotte en Fritz zijn woedend over al die uitsloverij. 'We hadden besloten om hem meteen neer te slaan!' Robert overdrijft. Arthur Bloch, die, slim als hij is, wel zin heeft in het beest dat te koop wordt aangeboden, doet nu of hij de zaak opgeeft.

'Jammer. Ik zie ervan af.'

En verongelijkt zegt hij nog eens met nadruk: 'Ik heb het gezegd, het is duidelijke taal. Ik kan er geen cent bovenop doen.'

Hij geeft Robert een hand, draait zich om en loopt naar de uitgang.

Georges Ballotte en Fritz Joss aarzelen tussen woede en de opluchting van die zoge-

naamde harde jongens. Robert leunt doods-
bleek tegen de muur.

Maar Arthur Bloch vindt het een aanlokke-
lijke zaak. Het is een goeie koe en de aankoop
maakt een goeie kans. Hij loopt een paar meter
door de straat, laat vijf minuten verstrijken,
keert op zijn schreden terug en gaat de deur
van de stal weer binnen. Het is vijf over half elf.
De drie samenzweerders zijn onthutst.

'Nou ja, die koe,' zegt Arthur Bloch. 'Ik zal
mijn best doen. Ik doe er vijftig frank bovenop
en ik neem haar mee.'

'Tweehonderd,' zegt de in paniek geraakte
Robert Marmier, alsof hij het onontkoombare
wil bezweren.

Arthur Bloch barst in lachen uit.

'Dus jullie willen me aan de bedelstaf brengen! Ach, het is te duur. Jammer. Ik zie ervan
af.'

Hij zegt voor de tweede keer tot ziens,
drukt zijn hoed vaster op zijn hoofd en loopt
met langzame stappen de stal uit.

De samenzweerders staan verstijfd. Ballotte scheldt Marmier uit.

'Ben je soms gek geworden?'

'Hij komt wel terug,' zegt Robert. 'En deze keer pakken we hem.'

Robert heeft gelijk. De staldeur is open blijven staan. In het felle buitenlicht is het bijna elf uur wanneer de zware stappen van Arthur Bloch in de Rue-à-Thomas weerklinken. Tot stomme verbazing van de drie mannen betreedt Arthur Bloch voor de derde keer de stal en tekent daarmee zijn eigen doodvonnis.

Nauwelijks is Arthur Bloch naderbij gekomen of Ballotte geeft een duw in de rug van de doodsbenauwde knecht Fritz, die in zijn rechtervuist een zware ijzeren staaf houdt.

'Sla hem neer,' blaft Ballotte.

Arthur Bloch, die aan één oor doof is, heeft niets gehoord.

Fritz Joss staat aarzelend achter de nek en het zware gestel van de jood, die de te koop aangeboden koe nog betast en bevoelt en tegen het beest aan mompelt. Waar moet hij slaan, onder de hoed of in het dikke vlees van de nek?

Plotseling voelt Fritz Joss de loop van de revolver van de leerling-monteur tegen zijn ribben, Ballotte drukt het wapen er diep tussen: 'Bevel van de Partij. Sla hem dood. Schiet op! Maak dat varken af.'

De kolos Joss heft de ijzeren staaf op en laat hem met kracht neerkomen op het hoofd van de jood, die neersmakt en met draaiende ogen en schuim op de lippen op de grond ligt te kronkelen terwijl er een ononderbroken kreet samen met nog een restje adem uit het zware, krachteloze en sidderende lichaam ontsnapt. De hoed is in het zaagsel gerold. Arthur Bloch kreunt nog steeds.

'Hij is niet dood, de smeerlap,' sist Ballotte, die de loop van zijn revolver dichter bij de gladde schedel brengt.

Het voorhoofd is wit en glimt van het zweet. Het gekreun wordt afgewisseld met gerochel. Ballotte schiet. Tegen de grond zakt het lichaam van Bloch nog verder in elkaar. Er loopt een straaltje bloed uit zijn mond.

'Hij is dood,' zegt Marmier.

'Opgeruimd staat netjes,' grinnikt Ballotte. 'We wachten op de bevelen van de Leider.'

IX

Het is kwart over elf. In de vochtige warmte van de stal baden de drie mannen in het zweet. Het lichaam van Bloch ligt in het korte gangetje tussen de boxen, zijn gezicht is tussen het zaagsel en het stro strak geworden, doorzichtig wit, de kleur van een waskaars, zegt één van de moordenaars later tijdens het onderzoek. Ballotte buigt zich over het lijk.

'Het stinkt, een dooie,' zegt hij dof.

'Vooral een jood,' zegt Marmier.

'We zijn nog niet klaar,' zegt Ballotte. 'We hebben het bevel gekregen om een smous te laten *verdwijnen*. Dus dat dikke lichaam? Wat doen we met die vethoop?'

'We zouden hem in zoutzuur kunnen laten

oplossen,' zegt Marmier. 'Ik koop het met liters tegelijk voor mijn rottingsputten, ze zullen niks in de gaten hebben.'

'Dat duurt te lang,' beslist Ballotte. 'Met het gewicht van die vette dikzak zou je minstens drie dagen nodig hebben. We kunnen ons niet de luxe veroorloven om hem te laten oplossen. Dat smerige varken.'

Op dat moment komt Ischi binnen, gevolgd door Max, het groepje is nu compleet, het is tien voor half twaalf, de vijf mannen staan te zweten in hun leren jasjes.

'Mooi werk,' zegt Ischi.

Hij loopt naar de dode toe, buigt zich over het lichaam en geeft een trap tegen het lijk.

'Heil Hitler!'

'Heil Hitler!' herhalen die vier anderen die zich weer hersteld hebben.

'En nu?' vraagt Ballotte.

'Nu laten we hem verdwijnen.'

'Zoutzuur?' probeert Marmier nog een keer.

'Idioot!' roept Ischi. 'Je weet best dat dat te

lang zou duren. Heb je hier ergens een bijl?'

Robert en de anderen verbleken.

'Of een zaag?' gaat Ischi verder. 'Slagers-messen?'

'Ik heb wat er nodig is,' zegt Robert in één adem.

'Aan het werk dan,' beveelt Ischi. 'Jij, Fritz, bent de sterkste. Jij hakt het lijk in stukken. Zijn hoofd, zijn armen, zijn benen, en let op, de benen moeten in tweeën gehakt worden. Daarna hou jij je met de romp bezig. Dat zal niet gemakkelijk zijn met dat gewicht. Kijk eens naar die pens. De smeerlap. Helemaal over onze ruggen vet geworden.'

De vier mannen luisteren, stemmen ermee in, Robert haalt het gereedschap tevoorschijn. De bijl, een stevige zaag, een lang slagersmes.

'We moeten hem eerst uitkleden,' zegt Ischi. 'En zijn poen verdelen. Ik zal het uitre-kenen. Het grootste deel gaat naar de Partij. Ik zorg overal voor. Die kleren, dat is makkelijk, die verbranden we in het bos. Ik heb met Max al een plek uitgezocht.'

'En het lijk?' vraagt Ballotte. 'Wat doen we met de stukken?'

'Ik zorg overal voor,' herhaalt Ischi. 'Alle stukken van die smeerlap doen we in melkemmers die we bij Chevroux* in het water gooien. Ik ken een visser in de haven. Ik heb al geregeld dat we zijn grootste schuit kunnen lenen. Het gebeurt vanavond. Als het donker is. Op driehonderd meter van de oever heb je alle rust, hahaha, en de vissen knappen de rest op.'

*Chevroux is een havenplaatsje op vijftien kilometer van Payerne aan het meer van Neuchâtel.

X

In de stal van de broers Marmier in de Rue-
à-Thomas zijn de moordenaars met hun gruwelijke werk begonnen. Het ontklede lichaam
van de dode wordt bij vier ledematen vastge-
houden en met een beitel bewerkt en in stukken gezaagd en gesneden, eerst de handen en
dan de armen, de dikke benen en vervolgens
het hoofd dat veel last bezorgt omdat de nek-
spieren niet willen loslaten en het met vier
handen van de romp losgerukt moet worden.

Fritz Joss, die tevreden is met het afgrijs-
lijke karwei alsof het een soort adempauze is,
heeft de leiding. De zaag maakt een snerpend
geluid wanneer hij in de botten van de jood
snijdt, Fritz vertrekt geen spier, hij heeft als

beenhouwer in slagerijen gewerkt en verscheidene dieren in stukken verdeeld, en als toeverlaat bij andere bazen. De tanden van de zaag bijten zich vast, het lemmet van het slagersmes snijdt diep en klieft de lies, de oksels en de bovenarmen.

Het bloed stroomt rijkelijk, botsplinters en lappen vlees spatten in het rond. Om die slagersgeluiden te overstemmen staat Max voor de deur hout te hakken, terwijl hij een liedje van Fernandel fluit en er de woorden van stamelt:

Ignatius, Ignatius
Die naam is lief en doodgewoon [...]
Ignatius, Ignatius
Hij past heel mooi bij mijn persoon

Het is half één. Max gaat drie melkemmers halen en zet ze neer in de stal, waar hij zijn best doet om niet te moeten kotsen. De stank van bloed, weefselvocht en vet is bijna ondraaglijk in de hitte die er in de ruimte heerst.

'Je stikt hier,' schreeuwt Ballotte. 'Schiet een beetje op, Fritz. We beginnen het zat te worden om met die smous bezig te zijn.'

Fritz Joss spant zich zo in dat hij op zijn benen staat te wankelen. Maar de romp biedt weerstand. Hij moet alle kanten opgedraaid worden voordat ze erachter komen hoe hij aangepakt dient te worden. Uiteindelijk besluiten ze om hem met de bijl in de lengte in tweeën te hakken, het borstbeen splijt, de wervelkolom en de ribben kraken, het is gebeurd. Een jood minder op Zwitserse bodem.

Haastig stoppen ze de stompen, het hoofd en de helft van de romp in de eerste vergaarbak, de andere helft samen met de armen en de handen in de tweede emmer en de benen ten slotte in de derde. Maar het kost moeite ze helemaal samen te vouwen en de voeten steken uit de emmer, als deerniswekkende noodsignalen zullen zij zelfs in het diepe water van het meer van Neuchâtel 's nachts onder het gekrijs van de meerkoeten en de meeuwen boven blijven drijven. Maar wat stellen de twee voeten van een jood voor? Het doodvonnis is uitgevoerd. Het rijk is aanstaande. Heil Hitler!

XI

Intussen staan er op het Marktplein nog steeds vier beesten vastgeketend aan hun stang, zonder dat iemand ze meeneemt. Het zijn de ossen van Godel, Brasey en Losey en de vaars van Cherbuin uit Avenches die Arthur Bloch vanochtend vroeg gekocht heeft en die nu in de drukkende hitte staan te loeien. Om half één is de slager Charly Bruder voor de eerste keer komen kijken wat er aan de hand is, hij heeft de dieren herkend en weet wie ze gekocht heeft. Waar zou Arthur Bloch uithangen? De slager Bruder maakt zich er niet al te druk om, Bloch is met een van zijn klanten ergens wat gaan drinken, hij kan ieder ogenblik terugkomen.

Om één uur staan de door de hitte bevangen beesten nog steeds te loeien en Charly Bruder besluit ze naar een beschutte plek te brengen.

Maar nog steeds geen Arthur Bloch. Om drie uur besluiten de slager Bruder en een paar boeren die weer uit de cafés zijn gekomen om de politie te waarschuwen. 'Arthur Bloch? Hahaha. Hij zal van de gelegenheid gebruik hebben gemaakt om 's uit de band te springen. In een hotel. Of in het bos. Hij duikt wel weer op, maakt u zich geen zorgen.'

Diezelfde avond maakt Myria Bloch zich in Bern ongerust omdat ze haar man niet ziet thuiskomen. Nerveus en gevoelig als zij is, heeft ze de hele dag nare voorgevoelens gehad en nu is ze radeloos. Telefoneert naar een van haar dochters in Zürich, belt een advocaat in Bern, een huisvriend en lid van de gemeenschap. Hij zal de volgende dag direct stappen ondernemen.

Eerst de politie weer bellen. Die zover zien te krijgen dat ze iets doen. Dan naar privédetective Auguste-Christian Wagnière in Lau-

sanne, een man die bekendstaat om zijn vast-
houdendheid en zijn goede neus. Bovendien
geniet Wagnière het vertrouwen van de kantonale politie, waarmee hij wel eens samen-
werkt, hij kent de streek en is uitstekend op de
hoogte van het komen en gaan van dominee
Lugrin en de nazistische agitatie in Payerne.
Hij adviseert Myria Bloch en haar dochters om
een bericht te plaatsen in de twee plaatselijke
kranten, *Le Démocrate* en het *Journal de Payerne*, samen met foto's van Arthur Bloch en de
toezegging van een beloning voor degene die
informatie kan verschaffen.

Intussen dringt de tijd voor de leider Ischi.
Het in stukken gesneden lichaam van de jood
Bloch wordt op de zestiende 's avonds direct ter
hoogte van Chevroux overboord gezet, daar
hoeven we ons niet meer om te bekommeren,
die komt niet meer terug. Nu moeten ze van de
kleren af zien te komen. En de buit verdelen.
De portefeuille? Daar zit vijfduizend Zwitserse frank in, voor die tijd een zeer groot bedrag.
Ischi verdeelt het als volgt: vierduizend frank

voor de Partij. Iets meer dan vierhonderd frank
voor hemzelf. De rest verdeeld tussen Ballotte
en de broers Marmier. Fritz Joss, de knecht
met de ijzeren staaf en de slagersmessen, krijgt
maar twintig frank.

Vervolgens zullen ze het pak, het vest en
het ondergoed verbranden in Neyrvaux, in een
grot in het bos. De Vleermuizengrot. Het is in
de buurt van Vers-chez-Savary, een afgelegen
gehucht, Fernand Ischi en zijn bende hebben het vaak als schuilplaats uitgezocht. Max
Marmier gaat met de kleren en een paar spul-
len achter op de motorfiets zitten en ze racen
met alle lichten uit naar het bos. Daar worden
de kleren, de hoed, de wandelstok en zelfs de
Sonotone op de zwarte grond op een hoop gegooid en met een aansteker aangestoken, maar
het is vochtig in de grot, het vuur brandt slecht
en de kleren worden niet verteerd. Dat doet er
niet toe. Ze moeten zich niet laten betrappen.
De vorige avond al, toen we de plek kwamen
verkennen, had je die twee jongens die ons
hebben gezien… Daar rekenen we nog wel

mee af, als dat nodig is. Intussen wordt er niet gedraald. Een beetje aarde over alles heen, een paar kiezelstenen, omgehusselde dorre bladeren, niemand zal hier komen zoeken. De leider Ischi en Max Marmier stappen op de motorfiets en vinden Payerne in de donkerblauwe nacht van de verduistering terug.

XII

Laat die avond zoekt Fernand Ischi de jeugdige Annah op in het kamertje dat ze in de Rue des Granges huurt, hij streelt haar, geselt haar en laat haar tot de ochtendstond gillen.

Op vrijdag 17, zaterdag 18 en zondag 19 april nog steeds geen nieuws van Arthur Bloch. Maar er doen de meest uiteenlopende geruchten, onfrisse grappen, bedekte toespelingen en roddelpraatjes de ronde in de cafés van Payerne. De oudste dochter van Arthur Bloch komt haar moeder in Bern steun bieden. De jongste kondigt haar komst aan. Myria heeft sinds donderdag niets gegeten, ze blijft overeind dankzij de injecties van haar arts.

Op maandag 20 april dirigeert Wilhelm

Furtwängler in Berlijn de *Negende symfonie* van Beethoven voor Adolf Hitlers verjaardag. In tegenwoordigheid van de leiders van het naziregime, de gezinnen van de hoogwaardigheidsbekleders, de vertegenwoordigers van de industrie en het corps diplomatique viert de Führer het feit dat hij drieënvijftig wordt. Joseph Goebbels, minister van Propaganda van het Reich, leidt het schitterende evenement.

Op dinsdag de eenentwintigste en woensdag de tweeëntwintigste staat het bericht van de familie Bloch eerst in *Le Journal de Payerne* en de volgende dag in *Le Démocrate*.

VERMISSING

Wij vestigen de aandacht op de vermissing van de heer Arthur Bloch, geboren in 1882, woonachtig in Bern, veehandelaar, voor het laatst gezien op de marktplaats van Payerne, op donderdag 16 april 1942.
Signalement: lengte ongeveer 170 cm,

tamelijk gezet, glad geschoren, droeg
een elektrisch apparaatje tegen doof-
heid van het merk Sonotone in het oor,
beige-grijze mantel, grijze hoed, waar-
schijnlijk met wandelstok.

Eenieder die enigerlei informatie of
aanwijzingen kan verschaffen wordt
verzocht deze onverwijld aan de onder-
zoeksrechter van het arrondissement
van Payerne-Avenches door te geven.

De familie looft een premie van duizend frank uit voor degene die inlich-
tingen kan verschaffen die tot het vinden van de betrokken persoon kunnen
leiden of waardoor met zekerheid vast-
gesteld kan worden onder welke omstandigheden hij verdwenen is.

Naast het bericht staan twee zeer duidelijke foto's van Arthur Bloch, links in pak en wit over-
hemd met een witzijden pochet in de borst-
zak, tegen een zonderling zwarte achtergrond
die hem al in het hiernamaals plaatst. Rechts

met de hoed diep neergedrukt tot boven de
wenkbrauwen, hij lijkt net een piloot met een
dik gezicht of een Amerikaanse bankier in een
stomme film uit de jaren twintig.

Verscheidene personen melden zich in de
komende dagen. Iemand heeft Arthur Bloch
in de trein naar Bern gezien, dezelfde corpu-
lentie, dezelfde kleren, maar de vermiste was
blond. Zou Bloch zijn haar geverfd hebben?
Iemand anders haalt hem door elkaar met ene
meneer Braun, een veehandelaar uit Bazel die
een kamer heeft genomen in Hôtel Des Alpes
in Payerne, maar meneer Braun is niet joods.
Weer een ander verwart hem met een zekere
meneer Dreyfus, die ook in Les Alpes heeft ge-
logeerd. Andere mensen hebben hem in het
bos van Boulex met een vrouw betrapt. Weer
andere in het Hôtel De La Gare, eveneens met
een vrouw. De steekhoudendste getuigenis is
afkomstig van twee jongetjes uit het gehucht
Vers-chez-Savary; in een verlaten grot hebben
zij donkere kleren gevonden, een hoed, een
wandelstok en een Sonotone, een droefgeestig

lijstje. Naar het schijnt zijn het dezelfde kinderen als degenen die Fernand Ischi en Max
Marmier tijdens hun verkenningstocht betrapt
hebben.

Het onderzoek neemt eindelijk een serieu-
ze wending. Wagnière zet zijn mensen aan het
werk. In Payerne, waar de politie rechercheurs
naartoe heeft gestuurd, zijn de tongen losge-
komen en nemen geruchten en verdenkingen
nauwkeuriger vormen aan. De nazi's zijn de
moordenaars. De Vijfde Colonne. Het net sluit
zich. Er bestaat nu geen twijfel meer. Het is de
Gauleiter van de garage.

Maar eigenaardig genoeg is het zo dat er
geen medelijden en verdriet worden opgeroepen door de afschuw over de vermissing en de
angst die deze teweegbrengt, maar dat er in de
cafés nog druk gegrinnikt wordt, met een vuile
ironie en nadrukkelijke opmerkingen over het
'jodengedoe', hun 'winstbejag' en hun 'parasi-
terende' handelspraktijken. Er circuleren nog
steeds nummers van *Gringoire* en *Je suis par-
tout* onder de notabelen. Er is sinds Hitler aan

de macht is gekomen en de vervolging van de Kristallnacht nog nooit zo'n gevoel van haat tegen de Israëlieten waargenomen. En juist degenen die tijdens de rechtszaak op Fernand Ischi en zijn bende zullen spugen, maken zich nog vrolijk over de smouzen en hun voorvaderlijke angsten. Is er een veehandelaar verdwenen? Een interessante omkering van de situatie, denken de meeste mensen in Payerne, waar men grinnikend het verdere verloop van de gebeurtenissen afwacht.

XIII

Vrijdag 24 april om acht uur 's avonds, helder weer in Payerne, frisse lucht en roepende en zingende vogels in de seringen en de linden, die al in bloei staan.

Langs de weg naar Corcelles, bij de Riollaz-brug, die de spoorlijn overspant te midden van roestige loodsen, leegstaande werkplaatsen en de bedrijfsruimte van Beauregard-bier, staan een eenheid van de rijkspolitie en twee agenten uit Payerne al sinds de ochtendstond Fernand Ischi op te wachten. Verder naar het noorden, tussen de velden, de nostalgische rails van de treinen waarvan de locomotieven hun rook in zwarte wolken uitstoten. Ischi staat een eindje verderop in de straat op het punt zijn huis te verlaten, hij is punctueel, elegant, heeft een fiere rechte rug, en loopt met vlugge stappen in de richting van de agenten. Ongetwijfeld is hij gewapend. De politie deelt bevelen uit. Ischi verzet zich op geen enkele manier. Hij wordt in het arrestantenlokaal van de gemeentelijke gevangenis opgesloten.

Hij wordt gefouilleerd. Er wordt een vuurwapen op hem gevonden, zijn onafscheidelijke Walther 7.65, en sleutels, verscheidene paspoorten, een identiteitsbewijs, dertien voedselbonnen, een aangebroken pakje Laurenssigaretten, vijf toffees, een briefje van de Frans-Zwitserse loterij, twee in Bern afgestempelde brieven en twee blaadjes van de hitleriaanse propaganda.

Uiterst gladgeschoren gezicht, kortgeknipt haar, naar voren gerichte flaporen. Modieuze broek met jasje, zeer getailleerd, van grijsgroen kamwol en met een rugceintuur om hem een militair voorkomen te geven. Veterschoenen in een sportieve stijl, licht leer en dikke crêpezolen. Een op zijn achterhoofd geschoven,

groene, vilten Tiroolse hoed verleent hem die
ochtend het eigenaardige voorkomen van een
bewaker of een leverancier van de Berghof of
van Berchtesgaden. En een hardnekkige geur
van eau de cologne. Ja, hij is antisemiet, dat
heeft hij nooit onder stoelen of banken gesto-
ken. Ja, hij heeft gedacht dat met het uit de weg
ruimen van een Zwitserse jood een spectacu-
lair voorbeeld gesteld zou worden. En laze-
ren jullie verder maar op met je politie en je
wetten. In ieder geval zal Duitsland ons in de
komende weken uit deze situatie redden. Denken jullie dat het Gezantschap ons zal laten
vernederen? De dood van Bloch heeft hij uit
de krant vernomen. Maar hij is de leider, hij,
Fernand Ischi, de Partijleider en de Gauleiter,
is degene die het bevel heeft gegeven om de
jood naar de Rue-à-Thomas mee te nemen en
hem daar ter plekke te vermoorden. Hij weet
niets van het aan stukken snijden van het lijk.
Maar als ze het gedaan hebben, dan hebben
ze er goed aan gedaan. Dat vette varken! Geen
medelijden. Hij zegt niets over Georges Bal-

lotte en Fritz Joss. Het aan stukken gesneden lijk van de jood is in het water van het meer van Neuchâtel gegooid.

Aan het begin van de middag rijden twee politiemannen met een hoge rang, de brigadiers Jaques en Jaquillard, met de auto naar Chevroux, begeleid door een eenheid van de rijkspolitie op motorfiets. Er schijnt een idyllisch licht over de voorjaarsoever. Twee van de sinistere melkemmers rusten vier meter diep op de bodem. Uit de derde, die half ondergedompeld ronddrijft steken mensenvoeten waaromheen meeuwen krijsen. Samen met de benen worden de helft van de in de lengte in tweeën gehakte romp en de ingewanden, de longen en het hart gevonden. De heren van de politie geven het bevel de drie emmers naar het ziekenhuis van Payerne te brengen.

XIV

De arrestatie van de samenzweerders vindt in
de komende dertig uur plaats. De twee jongetjes uit Vers-chez-Savary hebben de motorrij-
ders van de Vleermuizengrot herkend. Fritz
Joss wordt op boerderij La Grosse Pierre op
het land van de ouders van de broers Marmier
vlak bij het militaire vliegveld gearresteerd. De
beide Marmiers worden in hun schuilplaatsen
in La Grosse Pierre en de Rue-à-Thomas opge-
spoord en aangehouden. Ballotte wordt bij zijn
ouders in de kraag gevat: moeder is wasvrouw
en vader magazijnbediende in het arsenaal.

Voor het arrestantenlokaal, dat nu nauw-
lettend bewaakt wordt, scheldt dezelfde me-
nigte die met laaghartige toespelingen en

kletspraatjes spottend het onderzoek volgde,
nu de verdachten uit en eist de hoogste straf.
Het in stukken snijden van het lijk en het feit
dat het in het water bij Chevroux heeft gelegen
hebben de fantasie aan het werk gezet en de
met stomheid geslagen mensen aan het praten
gebracht. Een mimetische afkeuring vaart als
een schok door dit stadje van vleeshouwers en
slagers. Voor de etalages van de vleeshande-
laren krijgt de angstige bevolking een kramp
van fascinatie en afschuw die de emotie nog
versterkt, en een soort collectief schuldgevoel
dat nog heel lang in het slechte geweten van
Payerne zal rondwaren. Het symbool van de
stad, het vrolijke, lijvige varken dat met zijn
hele snuit lacht en zijn roze buik etaleert, juist
dat waarmerk wordt obsceen, cynisch en per-
vers, omdat het aan ander vlees doet denken,
dat voor een smerige zaak ten offer is gebracht
en te schande is gemaakt. Het is ook de joodse
Wet, het absolute verbod op varkensvlees dat
als een negatief en in een bittere symmetrie
van tegendelen in herinnering geroepen

wordt, telkens wanneer de barbaarsheid van de lijdensweg van Arthur Bloch ter sprake komt. 'Ze hebben die jood vermoord en als een varken in het abattoir van de boerderij in stukken gesneden.' Ten prooi aan dat schuldgevoel stelt Payerne het joodse voorbeeld en de varkensslachterij, de Klaagmuur en de snijbanken van het varkenslaboratorium tegenover elkaar en haalt ze door elkaar. O Jeremia, sombere profeet, jij hebt het schandaal verwoord: 'De Eeuwige was voor mij als een beer in een hinderlaag, als een loerende leeuw. Hij heeft mij ver van de weg gesleept om me te verscheuren. Hij heeft mij aan mijn lot overgelaten.'*

*Klaagliederen 3:10-11

XV

Wat houdt het gruwelijke in? Wanneer Jankélévitch* verklaart dat de hele misdaad van de Holocaust onverjaarbaar is, verbiedt hij me om er buiten dit vonnis om over te spreken. Het onverjaarbare. Waar geen vergiffenis voor bestaat. Waarvoor nooit geboet kan worden. Wat nooit vergeten kan worden. Of kan verjaren. Geen enkele verlossing op welke manier dan ook.

Ik vertel een weerzinwekkend verhaal en ik schaam me ervoor er ook maar één woord

---

*Vladimir Jankélévitch (1903-1985) is een vermaarde Franse filosoof van Russische afkomst. (Noot van de vertaler.)

van op te schrijven. Ik schaam me ervoor een
taal, woorden, een toon en handelingen weer
te geven die niet van mij zijn, maar die dat, of
ik wil of niet, door het schrijven wel worden.
Want Vladimir Jankélévitch zegt ook dat de
medeplichtigheid sluw is, en dat het weerge-
ven van de minste antisemitische opmerking
of er een lach, een karikatuur of een of ander
esthetisch profijt aan ontlenen, op zich al een
onduldbare onderneming is. Hij heeft gelijk.
Maar ik, geboren in Payerne, waar ik mijn kinderjaren heb doorgebracht, doe er niet verkeerd
aan om de omstandigheden te peilen die mijn
geheugen onophoudelijk vergiftigd hebben en
al die jaren een onberedeneerd schuldgevoel
hebben achtergelaten.

Toen deze dingen gebeurden was ik acht
jaar. Op school zat ik naast de oudste dochter
van Fernand Ischi. De zoon van de chef van
het politiebureau, die Ischi heeft gearresteerd,
was een leerling in diezelfde klas. En de zoon
van rechter Caprez, die de rechtszaak tegen
de moordenaars van Arthur Bloch voorzat,

ook. Mijn vader was directeur van de middel-
bare school en de andere scholen van Payerne,
hij heeft Ballotte als leerling gehad en in die
hoedanigheid is hij tijdens het vooronderzoek
als getuige gehoord. Hij was voorzitter van de
Cercle de la Reine Berthe, een fel antinazis-
tisch, democratisch gezelschap, hij stond op de
lijst van de volgende slachtoffers van de bende
van de garage, ná Jean Bladt en zijn kinderen.
Thuis, in de klas, tijdens het speelkwartier, in
de winkels en op straat hielden duistere, dreigende woorden de onrust in stand. Ik herin-
ner me de naziliederen, het geschreeuw van
Hitler en de fanfares van de Wehrmacht die
's middags bij het uitgaan van de school op het
Marktplein uit de luidsprekers en alle auto's
van de garage boven de kerkklokken uit klon-
ken.

Zaterdag 25 april 1942. De vijf verdachten
zijn 's morgens vroeg in de gevangenis van Bois-
Mermet in Lausanne in preventieve hechtenis
genomen. Er wordt besloten dat het strafpro-
ces binnen tien maanden zal plaatsvinden, het

zal op 15 februari 1943 in het gerechtshof van
Payerne beginnen. Duur: vijf dagen. Voorzit-
terschap: Marcel Caprez. De verdachten, wier
advocaten – de ene uit Genève is buitenge-
woon arrogant – door het Duitse Gezantschap
betaald worden, zullen in smerige details tre-
den. Wanneer ze geconfronteerd worden met
het instrumentarium van de slachtpartij en de
foto's van de stukken van het slachtoffer, vertrekken ze geen spier, tonen geen emotie en
spreken met een langzame, stompzinnige, ver-
dwaasde nauwkeurigheid over hun beweegre-
denen en hun handelingen. Botte haat tegen
de joden. Een banale verstandsverbijstering.
Een absoluut vertrouwen in Duitsland, dat
binnenkort over Zwitserland zal zegevieren,
het kanton Vaud wordt de Noordelijke Provincie en Fernand Ischi de commandant. 'Gauleiter!' corrigeert Ischi terwijl hij stram rechtop
gaat staan. Tijdens alle zittingen blijkt dat het
gestelde voorbeeld opzettelijk en weloverwo-
gen was en opgeëist wordt. Fernand Ischi roept
herhaalde malen: Duitsland zal ons uit de

puree helpen. En jullie zullen hier allemaal voor boeten.

De vijf vonnissen zijn zwaar. Allemaal gevangenisstraffen.

Levenslang voor Fernand Ischi, leider van de bende en aanstichter van de misdaad.

Levenslang voor Robert Marmier en Fritz Joss.

Twintig jaar gevangenisstraf voor Georges Ballotte, die op het moment van de gebeurtenissen minderjarig was – hij was negentien.

Niet meer dan vijftien jaar voor Max Marmier, wiens verantwoordelijkheid in deze zaak kleiner wordt geacht.

Zodra hij zag dat het net zich begon te sluiten, vluchtte dominee Lugrin met de hulp van de diplomatieke diensten van het Reich naar Duitsland, hij bracht er drie jaar door in verschillende vertaal- en spionagebureaus en werd in 1945 in Frankfurt gearresteerd door het Amerikaanse leger, dat hem tot vijftien jaar gevangenisstraf veroordeelde, maar hem aan Zwitserland uitleverde. De maniakale antisemitische

dominee werd in 1947 in het gerechtshof van
Moudon berecht en tot twintig jaar opsluiting
in een strafinrichting veroordeeld. Hij zat er
twee derde van uit en kwam er nog feller en vi-
rulenter in zijn samengebalde haat uit tevoorschijn. Wanneer ik hem op een dag in de zomer
van 1964 aan een tafeltje in een café in het oude
centrum van Lausanne herken, besluit ik tegen
iedere fatsoensnorm in tegenover hem plaats te
nemen en neem ik hem met een buitengewone
nieuwsgierigheid op. Ik kan me niet vergissen.
Ik heb alleen foto's van hem gezien, maar hij is
het echt, de verschrikkelijke Lugrin, die in zijn
eentje op een paar centimeter van mij vandaan
zit, ik kijk hem aan en hij kijkt mij aan met de be-
hoedzame, arrogante blik van iemand die snel
een weerwoord klaar heeft en er ieder moment
vandoor kan gaan. Helblauwe ogen. Engelach-
tig. Het onaangetaste gezicht van de gevangenis.
Een hoog voorhoofd. Een smalle lange neus.
Een klein brilletje met ronde, in metaal gevatte
glazen, met daarachter de blauwe, glinsterende
ogen, die me blijven aankijken. Uit zijn hele

persoon spreken waakzaamheid en geslotenheid, boosaardigheid, een ijskoude beheersing van een met geweld ingehouden vurige passie. Een man Gods? Een man van de duivel. Satan heeft de bakens overhoop gegooid, het doel verduisterd en de laatste vlammen van deze dode ziel in bezit genomen en op het verkeerde spoor gezet.

'Bent u dominee Lugrin?' vraag ik.

Hij lijkt even een terugtrekkende beweging te maken, maar recht vervolgens zijn rug om mij antwoord te geven.

'Philippe Lugrin. Nou en?'

Met zijn snijdende stem en een harde blik buigt hij nu het hoofd als om aan te vallen, en ik kan zijn koppige, gladde voorhoofd en zijn met blauwige brillantine neergeplakte haar, of wat er van over is, nu beter zien. De lichtkring rond het bijna fosforescerende hoofd in het schemerlicht van het café.

'Nou niks. Ik wilde de dominee die verantwoordelijk is voor de moord op Arthur Bloch van dichtbij zien.'

'U denkt, meneertje, dat u mij met die
oude geschiedenis bang kunt maken!'

Hij barst uit. Gereed voor het vervolg. En
gaat over tot de aanval. 'Denkt u dat u mij te
schande kunt zetten met die geschiedenis van
die jood? Ik heb maar van één ding spijt, als u
dat maar weet. En dat is dat ik geen anderen
onder de aandacht van mijn vrienden heb gebracht. Van mijn vrienden, hoort u!'

Hij is, met de kin omhoog en met een
scherpe stem, van zijn stoel opgestaan.

Ik had deze ontmoeting helemaal niet
verwacht, ik ben alleen door het toeval in het
gezelschap van deze gek terechtgekomen. Ik
ga aan een ander tafeltje zitten zonder mijn
blik af te wenden van deze figuur, die als een
kwaadaardige magneet op mij in begint te wer-
ken. En ineens weet ik het: er is sprake van een
absolute, op een gore manier zuivere en bovendien wrede witgloeiende verdorvenheid die tot
het terrein van de verdoemenis behoort. Die
gruwelijk geblokkeerde man die op een paar
stappen van mij vandaan zijn absurde droom

blijft najagen valt niet meer onder enige menselijke instantie, hij valt onder God.

Op dat moment schiet mij een zin van
Jankélévitch te binnen: 'Onze ongehoorde verantwoordelijkheid om een ziel te hebben die
ons in de eeuwigheid overleeft.'

Wat voor overleving is er mogelijk voor die
figuur die ik daar ontmoet heb? Een kalme, ge-
welddadige dwerg met een glinsterend brilletje,
die zich al sinds het eerste begin vastgeklampt
heeft aan zijn afschuw van het schepsel.

Ik loop verbaasd het café uit, denkend aan
Payerne waar ik geboren ben, waar ik mijn kinderjaren heb doorgebracht, en aan Ischi, aan
zijn volgelingen, aan Lugrin, die ik aan zijn
razernij overlaat. Maar ik heb Lugrin gezien,
het is een aanblik die vervuilt, ik moet me in-
spannen om hem weer op zijn slechte plaats te
zetten. En terwijl ik tijdens mijn hele wande-
ling mijn best doe hem uit het oog te verliezen,
komen er uiterst ernstige woorden in mij op:
'Ken je die man?' 'Nee, ik ken hem niet. Ik heb
hem nooit gezien.' 'Denk na. Weet je zeker dat

je die man niet kent?' 'Nee, ik ken hem niet.'

Alsof het spookbeeld dat ik hem weer tegen zou kunnen komen mij al in zijn greep heeft en bang maakt.

XVI

Maandag 27 april 1942, acht uur 's morgens, de Israëlitische begraafplaats in Bern. De stoffelijke resten van Arthur Bloch worden langs een klein, kaal laantje op zo'n twintig meter van het graf van zijn vader ter aarde besteld. De hele gemeenschap is aanwezig. Uit Bazel, Zürich, Freiburg, Vevey, Lausanne, Genève, Yverdon, Avenches en Payerne zijn bekende en onbekende leden gekomen, merendeels vrienden, enkele neven en verre verwanten die Myria Bloch en haar dochters willen bijstaan. En elkaar willen ontmoeten, bij dit verdriet en deze vrees hun banden willen aanhalen. Wanneer rabbijn Messinger om half negen het woord neemt, staat de kleine begraafplaats stampvol, in de wind van de Aar en onder het gekweel van de mezen, die rondhippen in de takken van de kleine olmen en de ceders. Het is mooi weer, het is fris, de Aar zendt zijn koele rivierlucht... Rabbijn Messinger herinnert aan Arthur Blochs goedheid. Zijn gehechtheid aan de zijnen. De menselijkheid die uit zijn optreden en woorden sprak. En dat hij Zwitsers soldaat was geweest. Zijn weigering om het land te verlaten, om een deel van zijn familie te volgen die in het begin van de oorlog naar de Verenigde Staten emigreerde. Hij was een rechtvaardige, zegt de rabbijn. En deze rechtvaardige is als in de oudste tijden ten offer gebracht.

De toespraak van Georges Brunschwig is expliciter. Hij stelt de plaag van het racisme aan de kaak en noemt de moord op Arthur Bloch een historische en politieke misdaad. Georges Brunschwig, voorzitter van de Israelitische gemeenschap van Bern, heeft zijn kinderjaren in de streek van Payerne doorgebracht, hij is zelf de zoon van een veehande-

laar uit Avenches. Als hij de vervolging brand-
merkt, weet hij waar hij het over heeft.

Maar er doet zich op dat moment een heel
vreemd verschijnsel voor. Terwijl Brunschwig
spreekt en naar de oorlog, het oprukken van
Hitlers legers en de dreigende uitroeiing van
de Joden in heel Europa verwijst, lijkt het of
het kleine kerkhof waar deze woorden opstij-
gen zich even afzondert en verwijdert in een
verleden van vierduizend jaar, afgescheiden
van de gruwel en badend in fris, muzikaal
licht dat dit tragische tafereel lichter maakt en
wegneemt. En wanneer met intense, klinken-
de stem kaddisj gezegd wordt, is het alsof de
spreekstemmen van de mensen overgenomen
worden door God, getuige van deze nieuwe
beproevingen en van deze rustpauze in een
barbaarse wereld. God alleen zal deze keer
nogmaals zijn volk door de verschrikkelijke
woestijn leiden.

Klein Israëlitisch kerkhof in Bern, die ochtend een eilandje van voorvaderlijke aarde, een
korte adempauze, afgezonderd van de wereld

waarin met bloedvergieten het Arische rijk gevestigd wordt. Een klein stukje grond, boordevol voorvaderlijk geloof, een bedreigd, gekwetst, maar door de woorden van de voor Arthur Bloch gezegde kaddisj hernieuwd geloof, en ons hart bloedt, en het onrecht overstelpt onze verwanten in de Elzas, in Hongarije, in Polen, en op veertig kilometer van deze heilige plaats wordt een van de onzen vermoord, verminkt en in stukken gesneden, beklagenswaardig lot van ons volk, hardvochtig noodlot. Die ochtend op de Israëlitische begraafplaats van Bern, heel dichtbij en heel ver weg van Adolf Hitlers Europa, roept het gemartelde lichaam van Arthur Bloch in de geest van alle aanwezigen rond het gesloten graf zowel kracht als paniek op.

Het jaar daarop laat Myria Bloch een steen op het graf leggen. Tegen de gewoonte van de gemeenschap in Bern en het advies van rabbijn Messinger in laat zij een gezegde in het kille zandsteen beitelen:

GOTT WEISS WARUM
God weet waarom

Wat op ironische wijze uitdrukking geeft aan
haar vertrouwen in en haar wantrouwen tegen
de raadsbesluiten van de Allerhoogste. En dat
de duisternis overheerst. En dat ieder mense-
lijk begrip, aanvaarden, weten, erkennen, voor
immer onmogelijk is.

Myria Bloch sterft vijf jaar na de moord op
haar echtgenoot en wordt naast hem begraven.
Met de familienaam op de steen gebeiteld, en
haar geboorte- en sterfjaar en haar meisjes-
naam Dreyfus. Gestorven van verdriet. En van
totale wanhoop. Myria Bloch is de kluts kwijt-
geraakt. Afwezigheid, waanzin. Niets is ver-
klaarbaar, niets staat meer open voor wie eens
en voor al het onrecht dat een ziel is aangedaan
heeft erkend. Volstrekt redeloos. En doelloos.
Myria Bloch sterft waanzinnig, maar van verdriet. En dat verdriet is de grendel. Het onverjaarbare van Jankélévitch. Ik denk na over dat
eeuwenoude onrecht en aan het voorbeeld van

Arthur Bloch. Ik loop tegen dezelfde blokkade op. Een ondoorgrondelijke afwijzing diep in de leegte, waarover God zwijgt, of weet, en een besluit velt, en de bijl van de boosaardigen, het vuur van de ovens veroordelen ons tot duisternis en as.

Maar dan doet zich nog een vreemd verschijnsel voor. Want het gebeurt wel eens dat de oude schrijver die deze geschiedenis als jongetje heeft meegemaakt midden in de nacht met het hoofd vol spooksels gekwetst wakker schiet. En dan denkt dat hij het kind is dat hij vroeger was en dat aan de mensen om hem heen vragen stelde. Hen vroeg waar de man was die vlak bij hem in de buurt vermoord was en in stukken gesneden. Hen vroeg of hij terug zou komen. En hoe hij ontvangen zou worden.

'Is het waar dat hij vanavond rondwaart?'

'Je bedoelt Arthur Bloch,' wordt hem heel zacht ten antwoord gegeven. Over Arthur Bloch wordt niet gesproken. Arthur Bloch, dat was vroeger. Oud verhaal. Verleden tijd.

Maar in de droom van de oude kind-man klinkt een stem die niet wil zwijgen.

'Dus dat is vroeger? En nu?'

Nu is hij Arthur Bloch de Wandelende Jood, omdat hij onder de grafsteen met *Gott weiss warum* geen rust vindt. Op dit moment is hij Arthur Bloch die weet, van de absolute God die weet, terwijl wij niet weten. Arthur Bloch van de zwarte blokkade onder de sneeuw. Of onder de as van de tijd. Vanwege de scheldwoorden, de minachting, de gaskamers, het hakenkruis, de droefenis van de heuvels van Auschwitz en Payerne, de schande van het nazisme in Treblinka en de varkensdorpen van La Broye. Alles is wond. Alles is Golgotha. En de verlossing is zo ver weg. Maar is er een herrijzenis? Erbarmen, God, omwille van de roos van de wonde in de zij. Erbarmen vanwege de doornenkroon en de prikkeldraadversperringen van de kampen. Heb mededogen, Heer, met onze wandaden. Heer, heb mededogen met ons.